D0533418

# SOUL OF LOS ANGELES

## GUIDE DES 30 MEILLEURES EXPÉRIENCES

ÉCRIT PAR EMILIEN CRESPO
PHOTOS DE PIA RIVEROLA
ILLUSTRÉ PAR CLARA MARI

ÉDITIONS JONGLEZ

guides de voyage

*« LES GENS QUI CRITIQUENT L.A.*
*SONT SOUVENT CEUX*
*QUI ONT PEUR DE L'INCONNU.*
*ILS N'ONT QUE TROP*
*L'HABITUDE DES VILLES*
*FACILES OÙ LA BEAUTÉ*
*EST TOUJOURS À PORTÉE*
*DE MAIN. »*

MOBY

# DANS CE GUIDE
## VOUS NE TROUVEREZ PAS

- d'infos sur la météo
  (320 jours de soleil annuels... Ça ne vous suffit pas ?)
- des astuces pour ne pas poireauter à Disneyland
  (indice : ça coute un rein)
- un plan des transports en commun
  (quasi-inexistants de toute façon)


# DANS CE GUIDE
## VOUS TROUVEREZ

- le plus vieux cocktail de Hollywood
- la meilleure façon de commander un burger
- le mode d'emploi d'un spa coréen hors du commun
- le marché des chefs
- un musée secret à Holmby Hills
- le ciné où voir les films de la collection personnelle de Tarantino
- la villa californienne ultime
- un jardin planant

Los Angeles est victime de bien des clichés. De nombreux visiteurs se contentent de lieux touristiques comme le Walk of Fame à Hollywood et le Venice Boardwalk. Loin de l'émerveillement espéré, ils seront déçus par les rues sales, le nombre affolant de badauds et les attractions hors de prix. Ajoutez à cela les longues distances et les bouchons, et ils penseront qu'ils ont commis une lourde erreur en faisant le voyage.

Mais vous êtes différent. En ouvrant ce livre, vous avez déjà prouvé que vous aviez un autre état d'esprit pour appréhender cette ville. À Los Angeles, on se doit d'adopter la mentalité de l'explorateur pour profiter pleinement de cette vaste jungle urbaine.

Quand vous planifierez votre séjour, nous vous recommandons de vous en tenir à un quartier par jour. Avec ses presque 20 millions d'habitants, la ville est gigantesque. Nous y avons récolté des pépites depuis près de dix ans : voici une collection d'expériences qui nous ont permis d'approcher au plus près l'âme de Los Angeles. Nous sommes heureux de les partager avec vous.

Emilien Crespo, auteur

Emilien Crespo

Quand s'est posée la question de l'auteur de l'opus « Los Angeles » pour la collection « Soul of », aucun doute n'était permis. Ce serait Emilien Crespo ou on ne ferait pas ce guide.

Emilien est l'un des rares personnages aussi fou, vibrant et excessif que L.A.

À l'époque où je l'ai rencontré, il travaillait pour Apple, écrivait en parallèle pour des magazines comme *Purple* et *Apartamento*, organisait les dîners parmi les plus courus de L.A. (les fameux Suicide Sommelier Series), participait à des débats d'architecture le soir et surtout testait tous, absolument tous les restos de la ville, de la petite croissanterie dans le quartier d'El Sereno au plus grand gastro du West Hollywood.

Merci à toi Emilien de partager avec nous ton Los Angeles secret... Et merci à tes deux acolytes, Pia et Clara, d'avoir su capter l'âme de la ville à travers leurs photos et dessins.

Fany Péchiodat

# LES SYMBOLES DE
# "SOUL OF LOS ANGELES"

Gratuit

De 0 à 20 $

20 $ et plus

Premier arrivé
premier servi

Réserver
à l'avance

100 % L.A.

# 30 EXPÉRIENCES

01. S'offrir un déjeuner post-moderne
02. Le musée le plus fou de L.A.
03. La balade qui cartonne sur Insta
04. Goûter à une sélection d'alcools rares
05. Regarder la collection de films de Tarantino
06. Pique-niquer en musique sous les étoiles
07. Une virée chez un antiquaire compulsif
08. Le restaurant-boulangerie-café  qui
     donne envie de s'installer à Venice Beach
09. La villa californienne ultime
10. Le jardin secret d'Elvis et de George Harrison
11. Goûter au plus vieux Martini de Hollywood
12. Le restaurant qui a inventé un plat copié
     partout – même en Chine
13. Le club de pole dance où Courtney et Kurt se sont rencontrés
14. La boutique pour les fans de cinéma
15. Se promener dans un jardin époustouflant
16. Manger un burger à la californienne
17. La plage secrète de Malibu accessible uniquement à marée basse
18. Faire son marché avec les chefs du coin
19. Un sushi sublime dans un lieu surprenant
20. L'hôtel près de votre spot de surf
21. Le club de jazz des grands de la musique
22. La galerie de James Turrell
23. La boutique emblématique de Venice Beach
24. Le food-truck favori de Jonathan Gold
25. Le spa coréen ouvert 24 h / 24
26. La star des immeubles
27. Le brunch californien avec sa confiture à ramener en souvenir
28. Les plus grands comédiens du stand-up dans un mouchoir de poche
29. Acheter une robe et un vinyle sortis la même année
30. Savourer des spécialités thaïlandaises authentiques avec des vins bios rares

# S'OFFRIR UN DÉJEUNER
# **POST-MODERNE**

Vespertine est certes le restaurant de Los Angeles « qui fait le plus parler de lui aux États-Unis », mais à 330 $ le menu par personne (hors vin), on sera pardonné de ne pas y aller.

Pour ceux qui veulent néanmoins goûter la superbe cuisine de son chef Jordan Kahn, celui-ci a ouvert juste en face un petit bijou beaucoup plus abordable : Destroyer. Ouvert uniquement pour le petit-déj et le déjeuner, Destroyer propose des plats aussi beaux que bons dans des céramiques faites main.

 **DESTROYER**
**3578 HAYDEN AVE, CULVER CITY,**
**LOS ANGELES, CA 90232**

| LUN-VEN : 8 h / 17 h<br>SAM-DIM : 9 h / 15 h | Sans réservation<br>+1 (310) 360-3860 | destroyer.la |

# LE MUSÉE LE PLUS FOU
DE L.A.

La Weisman Art Foundation est un des secrets les mieux gardés de la ville. Même les habitants du quartier ignorent l'existence de ce musée où l'on trouve pourtant tous les grands noms du XXᵉ siècle (Picasso, Bacon, Hockney, Magritte, de Kooning, Rothko, Warhol, Stella...).

Né dans le Minnesota, Frederick Weisman a grandi à Los Angeles. Cet entrepreneur est devenu collectionneur d'art au milieu des années 1950 avec sa femme, Marcia Simon Weisman. Il a ensuite épousé Billie Milam, ancienne conservatrice du LACMA et du musée Getty. Ensemble, ils ont amassé l'une des plus belles collections d'après-guerre aux États-Unis.

Le must de cette fondation ? La mise en espace, qui change agréablement de l'austérité des musées classiques. On admire les œuvres dans la villa des Weisman, restée en l'état, comme si on était invité chez eux dans les années 1980.

Réservation obligatoire.

**FREDERICK R. WEISMAN
ART FOUNDATION**

| LUN-VEN : visites guidées gratuites<br>Adresse donnée lors<br>de la réservation (Holmby Hills) | Réservation obligatoire par téléphone<br>ou courriel :<br>tours@weismanfoundation.org<br>+1 (310) 277-5321 |
| --- | --- |

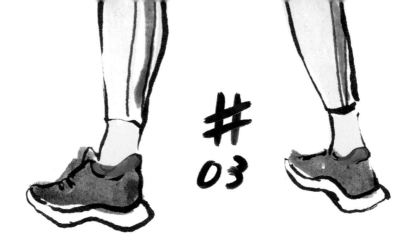

# LA BALADE
# **QUI CARTONNE SUR INSTA**

La nature qui entoure Los Angeles est à tomber, et il y en a pour tous les goûts, de l'océan au désert en passant par les collines autour de Malibu et Hollywood. Ces collines regorgent de sentiers (téléchargez l'appli All-Trails pour les trouver) mais le plus L.A. de tous, c'est Runyon Canyon.

L'histoire ne dit pas s'il doit sa popularité à son emplacement central, non loin de Hollywood, qui donne aux acteurs en herbe l'occasion de se décrasser, ou au panorama phénoménal sur la ville, ou encore aux tronçons où les chiens sont acceptés. Peut-être tout ça à la fois.

Une fois lancés, ne vous étonnez pas si le sentier prend des airs de défilé de mode. Des « influenceuses » maquillées, arborant des vêtements de sport hors de prix, partagent la balade autant avec les promeneurs qu'avec leurs fans. Pour certains « randonneurs », le selfie est plus important que l'effort.

 **RUNYON CANYON PARK**
**2000 N. FULLER AVE,**
**LOS ANGELES, CA 90046**

TOUS LES JOURS : de l'aube
au crépuscule

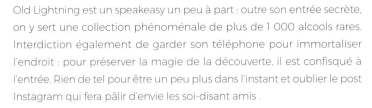

# GOÛTER À
# UNE SÉLECTION
# **D'ALCOOLS RARES**

Old Lightning est un speakeasy un peu à part : outre son entrée secrète, on y sert une collection phénoménale de plus de 1 000 alcools rares. Interdiction également de garder son téléphone pour immortaliser l'endroit : pour préserver la magie de la découverte, il est confisqué à l'entrée. Rien de tel pour être un peu plus dans l'instant et oublier le post Instagram qui fera pâlir d'envie les soi-disant amis .

Ce bar est le rêve de deux barmen, Steve Livigni et Pablo Moix, qui, pendant des décennies, ont déniché de vieilles bouteilles dans des ventes aux enchères, des vieux magasins de banlieue ou des bars en faillite. Puis ils ont réfléchi au moindre détail, ont dessiné le papier peint et ont choisi avec soin la collection d'affiches vintages avant d'ouvrir ce petit bijou.

Ils font désormais distiller leurs propres alcools.

 **OLD LIGHTNING**

| LUN-VEN : 19 h / 2 h | Email: info@oldlightning.com pour les réservations (obligatoires) et l'adresse (Venice Beach) | |

# REGARDER LA COLLECTION DE FILMS
## **DE TARANTINO**

Avant de devenir célèbre, Tarantino était le banal employé d'un video club. Cinéphile compulsif, il a accumulé au fil du temps une des plus grandes collections de films au monde.

Mais Tarantino a une autre particularité : détestant les projections numériques qui, pour lui, signent la « mort du cinéma », il a sauvé la dernière salle de L.A. proposant des projections sur pellicule 35 mm, à l'ancienne.

Désormais propriétaire du New Beverly Cinema, il y met sa collection à disposition du public. On vient ainsi y voir des films en tous genres (westerns spaghetti, blaxploitation, films noirs, comédies classiques) mais aussi ses propres films, projetés le vendredi à minuit.

Les billets sont presque donnés, comme au bon vieux temps, avec la double séance au prix d'une (deux films choisis pour être projetés à la suite).

NEW BEVERLY CINEMA
7165 BEVERLY BLVD,
LOS ANGELES, CA 90036

+1 (323) 938-4038

Voir en ligne pour le calendrier
et les tickets :
thenewbev.com

# PIQUE-NIQUER
# **EN MUSIQUE**
# **SOUS LES ÉTOILES**

S'il ne devait rester qu'une salle de concert, ce serait celle-ci. Construite à flanc de colline sur Hollywood Hills, cet amphithéâtre à ciel ouvert n'est accessible qu'à la belle saison. Quels que soient vos goûts musicaux, du classique à la pop, la magie sera forcément au rendez-vous quand vous verrez jouer ici votre artiste ou groupe préféré, au milieu des collines, sous les étoiles.

L'expérience est d'autant plus exquise que les visiteurs sont encouragés à amener leur pique-nique. On recommande d'arriver tôt pour manger pendant la première partie et finir avant la tête d'affiche.

L'endroit rassemble les familles, les amoureux et les amis de tous horizons. Si vous repartez déçu, on ne peut plus rien pour vous.

📍 **HOLLYWOOD BOWL**
2301 N HIGHLAND AVE,
LOS ANGELES, CA 90068

Concerts presque tous les jours au printemps et en été

Voir en ligne pour le calendrier et les réservations :
hollywoodbowl.com

# #07

# UNE VIRÉE CHEZ
# **UN ANTIQUAIRE**
# **COMPULSIF**

Créé il y a 40 ans par Joel Chen, fils d'un joaillier chinois installé à L.A., JF Chen est aujourd'hui l'un des plus grands magasins d'antiquités au monde et un véritable paradis du design de qualité.

Dans trois immenses showrooms sur plusieurs étages, on trouvera plus de 50 000 objets, allant d'antiquités chinoises rarissimes à des meubles contemporains : Prouvé, Sottsass, Kjaerholm ou encore Judd.

Chen est incollable sur le couple Eames, passés à la postérité pour leurs fauteuils et leur esthétique industrielle.

 **JF CHEN**
**1000 N HIGHLAND AVE,**
**LOS ANGELES, CA 90038**

| LUN-VEN : 10 h / 17 h | Uniquement sur rendez-vous<br>+1 (323) 463-4603 |

# – JOEL CHEN –

Fondateur de JF Chen, Joel Chen est l'un des plus grands anti-
quaires au monde, mais aussi un expert du design signé Eames.

**Comment êtes-vous devenu
antiquaire ?**

Je suis né en Angleterre, mais mes
parents ont émigré à Los Angeles dans les années 1970. Je tra-
vaillais pour mon père qui tenait
une bijouterie à Downtown Los
Angeles. Je détestais ça. C'était
une activité sans pitié. Quand
j'avais une vingtaine d'années, je
suis passé devant une boutique
avec de belles antiquités chinoises
sur Melrose Ave. J'ai sonné, sonné,
mais personne ne voulait m'ouvrir.
Au bout d'un moment, le type à
l'accueil m'a dit
qu'il ne « vendait
pas aux particu-
liers ». Ça m'a mis
en colère car ça
avait tout d'une

*Certaines
personnes se
sentent
submergées quand
elles rentrent*

remarque raciste parce que je suis
asiatique. J'ai annoncé à mon père
que j'allais ouvrir une boutique
d'antiquités, tout ça à cause de
ce type qui ne voulait pas me lais-
ser entrer. J'ai emprunté 6 000 $
à la banque, avec mon père pour
garant, j'ai filé à Hong Kong et j'en
ai ramené un conteneur d'objets
horribles : je n'y connaissais rien
à l'époque ! J'ai pourtant commencé à les vendre, puis j'ai fait
venir d'autres conteneurs. Internet
n'existait pas à l'époque et, après
la chute du mur du Berlin, j'ai mis
le cap sur l'Europe pour y trouver
d'autres antiquités.

**Comment en êtes-vous venu
au design californien ?**

Quand j'ai commencé, la Californie avait la réputation d'être un vrai trou. Les choses ont changé et de nombreux musées comme The Broad ont ouvert leurs portes. Ça a pris du temps. J'ai fait une exposition sur Ettore Sottsass, puis sur Charles et Ray Eames. Dernièrement, j'ai aussi fait une expo avec des meubles siglés Daft Punk.

**Parlez-nous du couple Eames, ces designers californiens qui ont influencé le monde entier. On voit leurs fauteuils partout, de Mexico à Tokyo...**
Ils avaient un bel idéal : créer des meubles abordables. À l'époque, leurs fauteuils coûtaient 40 $. J'ai vendu un fauteuil de leur première édition pour 40 000 $, d'autres pour 15 000 $. On peut encore trouver des originaux pour quelques centaines de dollars.

**Comment réagit le public en entrant ?**
Certaines personnes se sentent submergées : nous avons plus de 50 000 objets. C'est parfois trop de stimuli et il arrive même que des clients soient obligés de ressortir !

**Quelle est la meilleure façon de lancer une collection de meubles/design ?**
Avant, il fallait se déplacer. Maintenant, grâce à Internet, tout a changé, on n'a plus besoin de prendre l'avion. Il y a sans cesse des ventes aux enchères, jusqu'à six par jour ! Ayez l'œil, essayez de rafler ce qui vous plaît. Oubliez Jean Prouvé, Charlotte Perriand, n'allez pas dans cette direction. Repérez les talents qui montent, ou les talents « dormants » du monde entier, ceux qui restent abordables, et lancez-vous ! En ce moment, c'est le design des années 1950 qui cartonne. La tradition fait aussi son retour avec des antiquités Louis XV et Louis XVI, particulièrement élégantes.

# LE RESTAURANT-
# BOULANGERIE-CAFÉ
## QUI DONNE ENVIE
## DE S'INSTALLER
## À VENICE BEACH

Le restaurant Gjusta ne dort jamais. La nuit, on y confectionne des pains par centaines, et la journée, on y sert parmi les meilleurs petits-déjeuners, déjeuners et dîners de la ville.

Grâce à ses 130 employés, tout est fait maison : le pain, les pâtisseries, les desserts, les salades, les petits-déjs, les pizzas, les sandwiches, les pâtes, les jus, le café...

Venez plutôt hors des heures d'affluence pour éviter la rançon de la gloire : une foule de plus en plus imposante à mesure que l'endroit se fait connaître.

 **GJUSTA**
**320 SUNSET AVE,**
**VENICE, CA 90291**

| TOUS LES JOURS : 7 h / 22 h | Sans réservation +1 (310) 314-0320 | gjusta.com |

# LA VILLA CALIFORNIENNE
**ULTIME**

La voilà, la demeure ultime, celle qui a donné au monde entier l'envie de s'acheter une villa avec piscine sur les hauteurs de Los Angeles. Le photographe de la maison, Julius Shulman, fut sûrement le premier surpris par l'influence de ses clichés sur le design moderne.

En réalité, la villa Stahl est plus petite qu'il n'y paraît en photo. Mais cette maison imaginée par Pierre Koenig reste merveilleusement photogénique, soixante ans après sa construction. Elle a vu le jour pour une famille « amatrice de champagne, mais avec un budget bière », fabriquée avec les matériaux abordables de l'époque.

Pour la visiter en journée ou mieux encore, à l'heure du coucher de soleil, réservez des semaines à l'avance.

📍 **STAHL HOUSE**
**CASE STUDY HOUSE #22**

| | | |
|---|---|---|
| Visite l'après-midi et le soir | Réservation obligatoire avec paiement en ligne : stahlhouse.com | Adresse donnée sur réservation (West Hollywood) |

# L'ARCHITECTURE
## MYTHIQUE DE L.A.

WALT DISNEY HALL

FRANK GEHRY - 2003

ENNIS HOUSE

FRANK LLOYD WRIGHT - 1924

GRIFFITH OBSERVATORY

JOHN C. AUSTIN - 1935

SHEATS GOLDSTEIN RESIDENCE

JOHN LAUTNER - 1963

RANDY'S DONUTS

HENRY J. GOODWIN - 1953

# LE JARDIN SECRET
## D'ELVIS ET
## DE GEORGE HARRISON

Pour fuir l'agitation de la ville et se retrouver avec soi-même (parfois cela fait du bien !) le Self-realization Fellowship Lake Shrine Temple est un lieu exceptionnel.

Il a été créé par le yogi Paramahansa Yogananda à qui l'Occident doit la méditation et le yoga, et dont Steve Jobs était l'un des disciples les plus fervents.

On y déambule dans un magnifique jardin au bord d'un lac peuplé d'animaux (cygnes, canards, carpes, tortues) avant d'arriver au temple Mahatma Gandhi World Peace Memorial, où une partie des cendres de Gandhi repose dans un sarcophage chinois en pierre vieux de mille ans.

Elvis Presley était un habitué des lieux, et George Harrison et Tom Petty l'aimaient tant qu'ils l'avaient choisi pour leurs obsèques, à 16 ans d'écart.

---

**SELF-REALIZATION FELLOWSHIP LAKE SHRINE TEMPLE**
📍 17190 SUNSET BLVD,
PACIFIC PALISADES, CA 90272

| | | |
|---|---|---|
| MAR-SAM : 9 h / 16 h 30<br>DIM : 12 h / 16 h 30 | +1 (310) 454-4114 | lakeshrine.org |

# GOÛTER AU
# **PLUS VIEUX MARTINI DE HOLLYWOOD**

Lors de leur première virée à L.A., les touristes se ruent souvent sur Hollywood Boulevard. Loin du glamour et des paillettes, ils trouveront des rues sales, des pièges à touristes et des chaînes de magasins aseptisées.

Au milieu de ce chaos, le plus vieux restaurant de Hollywood fait office de petit miracle. Depuis 1919, *Musso and Frank* sert les plus grands artistes et a vu défiler des écrivains comme Bukowski et Fitzgerald ou des clients si célèbres qu'on se passe désormais de leur nom de famille pour les nommer (Mick, Keith, Marylin, Johnny ou Leo...). Les box et les lambris de ce restaurant sur plusieurs étages ramènent à une époque révolue.

Aux serveurs au veston rouge, qui sont là depuis des décennies, on commandera un Martini bien tassé, servi avec un « sidecar » (une petite carafe pour rallonger son verre). De quoi rendre Hollywood un peu plus supportable.

 **MUSSO & FRANK GRILL**
**6667 HOLLYWOOD BLVD,**
**LOS ANGELES, CA 90028**

| MAR-SAM : 11 h / 23 h | +1 (323) 467-7788 | mussoandfrank.com |
| DIM : 16 h / 21 h | | |

# LE RESTAURANT QUI A INVENTÉ **UN PLAT COPIÉ PARTOUT – MÊME EN CHINE**

C'est dans le quartier chinois du Far East, dans la vallée de San Gabriel, que se trouve l'un de nos restaurants préférés à L.A. La cuisine du Sichuan a beau être épicée, elle ne ressemble pas à ses cousines thaïlandaise ou mexicaine. Elle anesthésie momentanément plus qu'elle ne brûle, et surtout, elle rend accro. D'ailleurs, c'est à ce restaurant que l'on doit la mode des mets épicés du Sichuan à L.A. C'est aussi ici qu'a été inventé un plat désormais copié un peu partout (même en Chine !) : l'agneau en brochettes de cure-dents (*toothpick lamb*). À essayer absolument. On vous conseille aussi le poisson au court-bouillon. Selon feu Jonathan Gold, l'immense critique culinaire : « les saveurs palpitent autour des lèvres et de la langue, et rappellent l'étrange frisson clignotant d'une enseigne lumineuse de Las Vegas ». Ici, pas de réservation, et l'attente peut être ahurissante. Le meilleur plan, c'est encore de venir en semaine, juste avant la fermeture. Vous ferez d'une pierre deux coups, avec un peu moins de bouchons sur la route pour venir.

 **CHENGDU TASTE**
**828 W VALLEY BLVD,**
**ALHAMBRA, CA 91803**

| LUN-VEN : 11 h / 15 h et 17 h / 22 h | Sans réservation | PAIEMENT UNIQUEMENT |
| SAM-DIM : 11 h / 22 h | + 1 (626) 588-2284 | EN LIQUIDE |

**JUMBO'S CLOWN ROOM**
5153 HOLLYWOOD BLVD,
LOS ANGELES, CA 90027

TOUS LES JOURS : 19 h 30 / 2 h        +1 (323) 666-1187

# LE CLUB DE POLE DANCE
# OÙ COURTNEY ET KURT
# SE SONT RENCONTRÉS

À Los Angeles, où il est difficile de dissocier Hollywood et rock'n'roll, le club Jumbo's Clown Room est l'incarnation des liens étroits entre ces deux univers. La « clown room » en question est un repaire de musiciens de légende, un bar minuscule avec des danseuses de pole dance qui se déhanchent lascivement sur des tubes rock et indie signés Radiohead, Queens of the Stone Age et Led Zeppelin. Malgré les apparences, on n'y vient pas pour voir des filles nues : ce n'est pas le genre de la maison.

On raconte que c'est ici que Courtney Love, alors danseuse, a rencontré Kurt Cobain, client d'un soir.

# LA BOUTIQUE
# **POUR LES FANS DE CINÉMA**

L'industrie du cinéma, ce fut la deuxième ruée vers l'or en Californie, et elle reste un moteur de croissance phénoménal à Los Angeles. Pour les fans, la minuscule librairie Larry Edmunds Bookshop cache une sélection merveilleuse de vieilles affiches, de photos, de scénarios et de livres, tous sur le thème de Hollywood. Inaugurée en 1938, elle propose aujourd'hui 20 000 livres et près de 500 000 photos.

Au gré des titres en rayon, on en profitera pour peaufiner sa culture cinématographique ou pour rencontrer acteurs et scénaristes lors des conférences et des séances de dédicace organisées sur place.

 **LARRY EDMUNDS BOOKSHOP**
**6644 HOLLYWOOD BLVD,**
**LOS ANGELES, CA 90028**

| LUN-VEN : 10 h / 17 h 30 | +1 (323) 463-3273 | larryedmunds.com |
| SAM : 10 h / 18 h | | |
| DIM : 12 h / 17 h 30 | | |

# 15

## SE PROMENER DANS
# UN JARDIN ÉPOUSTOUFLANT

À la tête d'une des plus grandes fortunes de son époque, Henry E. Huntington a contribué à l'essor de la Californie grâce au développement du chemin de fer.

À Pasadena, on visite sa splendide villa mais aussi et surtout ses jardins sublimes : occupant 49 hectares au total, le jardin botanique, le jardin chinois, le jardin du désert, le jardin japonais et sa superbe collection de bonsaï, la roseraie, le jardin aromatique et le jardin de la Renaissance sont quasiment impossibles à visiter en une seule journée.

Ne ratez pas non plus la collection d'art d'Huntington, éparpillée dans des bâtiments au gré des jardins, avec de beaux portraits anglais du XVIIIe siècle, des œuvres américaines et européennes, des lettres, des manuscrits et de précieux livres scientifiques.

 **THE HUNTINGTON LIBRARY, ART COLLECTIONS, AND BOTANICAL GARDENS**
**1151 OXFORD RD, SAN MARINO, CA 91108**

| MER-LUN : 10 h / 17 h | +1 (626) 405-2100 | huntington.org |

# MANGER UN BURGER
## À LA CALIFORNIENNE

Malgré sa réputation de capitale de l'alimentation *healthy*, c'est à Los Angeles que la culture fast-food est née. Pas étonnant quand on sait à quel point cette mégalopole est obsédée par la voiture. Si on doit la mondialisation du fast-food à McDonald's, c'est la chaîne In-N-Out Burger qui a conquis en premier le cœur et les papilles des habitants, des critiques gastronomiques et des chefs de L.A.

Contrairement à McDo, célèbre pour ses franchises, In-N-Out Burger possède absolument tous ses restaurants. Ici, on ne fait pas de compromis sur la qualité : la viande n'est par exemple jamais surgelée.

À toute heure du jour et de la nuit, les voitures font la queue au drive-in, même lorsque les établissements voisins sont vides.

Pour ne pas passer pour un plouc du burger, il faut en revanche respecter l'art et la manière de commander (voir page suivante)...

 **IN-N-OUT BURGER**
**7009 SUNSET BLVD,**
**LOS ANGELES, CA 90028**
(entre autres)

| DIM-JEU : 8 h / 1 h<br>VEN-SAM : 8 h / 1 h 30 | Sans réservation | in-n-out.com |

# **LE MENU SECRET** CHEZ IN-N-OUT

In-N-Out Burger est connu pour son petit menu sans chichis :
des burgers, des frites, des sodas, des milkshakes. Simple et efficace.
Mais ce serait cruel de garder pour nous ce que tous les Californiens savent déjà :
In-N-Out propose un menu « secret »... qu'on trouve en ligne.
Quelques exemples des options « secrètes » préférées des clients :

**Double double
animal style :**
2 steaks hachés, 2 tranches de fromage,
sauce *animal-style* (leur
sauce spéciale : mayo,
ketchup, cornichons
et vinaigre) et oignons
caramélisés.

**Fries animal style :**
frites nappées de deux
tranches de fromage
fondu, sauce *animal-
style* et oignons caramélisés.

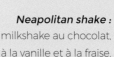

**Neapolitan shake :**
milkshake au chocolat,
à la vanille et à la fraise.

**Grilled cheese :**
croque avec deux tranches
de fromage et des
garnitures comme de la
mayo, des tomates, de la
salade, des rondelles de piment ou d'oignon.

**Protein burger :**
feuilles de salade
à la place du pain.

# LA PLAGE SECRÈTE
# DE MALIBU
## ACCESSIBLE UNIQUEMENT À MARÉE BASSE

Si Malibu possède les plus belles plages de la région de Los Angeles, nombre de ses résidents fortunés rêvent d'en interdire l'accès au commun des mortels.

Colony Beach est le vrai berceau de Malibu, là où les stars ont fait main basse sur de jolies villas pittoresques dans les années 1930 et ont créé au passage la « Malibu Movie Colony », une communauté privée de stars et d'ultra-riches. Ce côté de la plage de Malibu est onirique et relativement peu fréquenté, et on a souvent l'agréable impression d'être seul sur le sable.

Mais attention. Cette partie de la plage n'est accessible qu'à marée basse. Impossible d'y accéder ou d'en repartir deux heures avant la marée haute : vérifiez absolument les horaires des marées de Malibu en ligne avant de venir. Garez-vous au parking Malibu Lagoon. De là, marchez en direction de la plage. Une fois les villas en vue, prenez à droite sur le sable et longez les maisons : vous y êtes. Avant ou après votre baignade, allez prendre le déjeuner au café Malibu Farm Pier, adorable restaurant les pieds dans l'eau.

 **COLONY BEACH**
**MALIBU LAGOON CAR PARK,**
**CROSS CREAK ROAD, MALIBU, CA 90265**

TOUS LES JOURS : 8 h / crépuscule

Vérifiez les horaires des marées en ligne !
**ACCESSIBLE UNIQUEMENT À MARÉE BASSE**

# FAIRE SON MARCHÉ
## AVEC LES CHEFS DU COIN

Pour comprendre pourquoi les chefs du monde entier envient la Californie, direction Santa Monica le mercredi matin : les étals du marché croulent sous les fruits et légumes locaux, mûris au soleil de SoCal. On se perdra donc dans les allées, guidé par les couleurs et les parfums, pour faire ses courses. Nos vendeurs préférés : Flora Bella, Peads and Barnett, Mike and Sons Eggs, Kentor Farms, Wild Local Seafood, J.J.'s Lone Daughter Ranch ou Harry's berries.

Le marché dominical à Hollywood est presque aussi bien achalandé, et un chouïa plus central.

**MARCHÉ DE SANTA MONICA**
**ARIZONA AVE AND 2ND STREET,**
**SANTA MONICA, CA 90401**

MER : 8 h / 13 h

# UN SUSHI SUBLIME
# **DANS UN LIEU SURPRENANT**

C'est entre une autoroute, un vieux sex-shop et un atelier rouillé que se trouvent sans doute les meilleurs sushis de la ville. Le chef Shunji, qui a aidé son confrère Nobu à lancer Matsuhisa en 1987 (le premier de la chaîne Nobu), est revenu à L.A. après un détour par le Japon pour ouvrir son restaurant en 2012. Depuis, les récompenses et étoiles pleuvent.

L'endroit semble décontracté, mais la carte obéit aux codes très stricts de la cuisine japonaise : le chef pousse même le détail jusqu'à faire venir ses poissons du Japon... Gare donc à celui qui commande des California rolls à la mayo ou de la sauce soja sucrée. Ne demandez même pas du rab de wasabi : les sushis sont déjà assaisonnés à la perfection. L'expérience ultime, c'est de commander simplement un « omakase », et de s'en remettre au talent du chef.

Petit bonus : regardez bien la forme du bâtiment, magnifique exemple de « l'architecture programmatique », c'est-à-dire d'une architecture adaptée à la fonction d'un lieu. Avant les sushis, ce dernier offrait du chili con carne et le bâtiment ressemble tout simplement à un bol typique dans lequel on sert habituellement ce plat mexicain.

 **SHUNJI**
**12244 PICO BLVD,**
**LOS ANGELES, CA 90064**

| | | |
|---|---|---|
| Déjeuner : MAR-VEN : 12 h / 14 h | Réservation vivement | shunji-ns.com |
| Dîner : MAR-JEU : 18 h / 22 h | conseillée | |
| VEN-SAM : 18 h / 22 h 30 | +1 (310) 826-4737 | |

# L'HÔTEL PRÈS DE
# **VOTRE SPOT DE SURF**

Au Rose Hotel, à deux pas de l'océan, on n'a que l'embarras du choix : jogging le long de la plage, bons restos à quelques minutes de marche, balade à vélo (proposé sur place) ou petite séance de surf (l'hôtel fournit aussi les planches)... Ici, on oublie vite qu'on est dans une mégalopole tentaculaire.

L'hôtel a été créé par le photographe de mode Glen Luchford, qui travaillait souvent avec Prada. Sa décoration est une vraie réussite, dans le plus pur style minimaliste-hippie-Venice Beach, avec une atmosphère à la fois chic et sans chichis (certaines chambres partagent les toilettes).

 **THE ROSE HOTEL VENICE**
**15 ROSE AVE,**
**VENICE, CA 90291**

+1 (310) 450-3474          therosehotelvenice.com

# HÔTELS À
# **LOS ANGELES**

---

CHATEAU MARMONT

WEST HOLLYWOOD

Chambres et bungalows rock'n'roll

---

SHUTTERS ON THE BEACH

SANTA MONICA

Toute l'élégance de la Côte Est, les pieds dans l'eau

ACE HOTEL

DOWNTOWN LA

Un hôtel historique tendance avec un bon rapport qualité/prix

THE HOLLYWOOD ROOSEVELT

HOLLYWOOD

Une piscine signée Hockney et des frasques hollywoodiennes

# LE CLUB DE JAZZ
# **DES GRANDS**
# **DE LA MUSIQUE**

Si de l'extérieur, il ne ressemble à rien (il est niché sur les hauteurs de Los Angeles, dans un mini centre commercial sur Mulholland Drive), le Vibrato Grill Jazz a été fondé par le mythique Herb Alpert. Trompettiste et grand nom de la musique, celui-ci a vendu plus d'albums que les Beatles en 1966, créé le label A&M et découvert Cat Stevens, Supertramp, The Police ou The Carpenters...

Dans ce club intimiste, on trouve de toutes petites tables et une acoustique démente : Alpert a dépensé sans compter depuis son ouverture.

Dans la salle, des habitants de Beverly Hills viennent applaudir Alpert en personne ou encore ses amis, comme Seth McFarlane, créateur de Family Guy et grand fan de Sinatra, qui vient souvent jouer le répertoire du crooner mythique avec le groupe de musiciens de l'époque.

**VIBRATO GRILL JAZZ**
**2930 BEVERLY GLEN CIR,**
**LOS ANGELES, CA 90077**

| MAR-DIM : 17 h / 23 h 00 Concerts presque tous les soirs | Voir en ligne pour le calendrier et les réservations : vibratogrilljazz.com +1 (310) 474-9400 | Réservation au bar ou à table, entrée parfois payante |

# LA GALERIE DE
# **JAMES TURRELL**

Si Los Angeles regorge d'artistes et de galeries, une seule d'entre elles a été entièrement imaginée par le légendaire James Turrell, connu pour ses exceptionnelles installations lumineuses mais aussi pour ses fans célèbres comme Drake et Kanye West.

À la galerie Kayne Griffin Corcoran, on admire ainsi des œuvres de Turrell, évidemment, mais aussi de David Lynch, Peter Shire ou encore Ken Price.

L'architecture de la galerie tient elle aussi de l'œuvre d'art. Ne manquez pas la salle de réunion, un SkySpace imaginé par Turrell avec un puits de lumière magique à l'heure du coucher du soleil.

 **KAYNE GRIFFIN CORCORAN**
**1201 SOUTH LA BREA AVE,**
**LOS ANGELES, CA 90019**

| MAR-SAM : 10 h / 18 h | +1 (310) 586-6887 | kaynegriffincorcoran.com |

# LA BOUTIQUE EMBLÉMATIQUE
## DE VENICE BEACH

Si vous cherchez un souvenir de Venice Beach, allez voir Hannah Handerson et John Moore. En plus d'être un couple adorable, ils tiennent le Venice General Store, véritable ode au talent des créateurs californiens.

Dans cette boutique créée en 2012, on trouvera une sélection hétéroclite de beaux livres, céramiques, jeans, robes, bijoux, magazines, livres anciens, affiches etc, la plupart fabriqués dans les environs et évidemment choisis avec un soin extrême.

 **VENICE GENERAL STORE**
**1801 LINCOLN BLVD,**
**VENICE, CA 90291**

| LUN-SAM : 11 h / 19 h<br>DIM : 12 h / 18 h | +1 (310) 751-6393 | shop-generalstore.com |

# LE FOOD-TRUCK FAVORI
## DE JONATHAN GOLD

Qui dit scène culinaire de Los Angeles, dit Jonathan Gold, premier critique gastronomique de l'histoire à avoir décroché un prix Pulitzer. *City of Gold*, documentaire réalisé peu avant sa mort en 2018, retrace sa vie et son travail à la lumière de cette ville qu'il aimait tant.

Gold avait une tendresse particulière pour les petits restaurants perdus et ce qu'il appelait la cuisine « sincère » des immigrants qui cherchent à se faire une place dans la grande mosaïque culturelle de L.A.

Pour savourer de bons tacos, il filait chez Mariscos Jalisco. L.A. est en effet toute proche du Mexique et dans les cuisines des restaurants, la majorité du personnel est mexicain : la spécialité de la ville, ce sont bien évidemment les tacos.

Bonne nouvelle : vous aussi, vous pouvez y goûter. Rendez-vous donc dans un lieu improbable, à l'est de Downtown, dans un quartier résidentiel où le chef Raul Ortega, grand amateur de fruits de mer frais, gare son food-truck depuis les années 1980. Sa spécialité : les fabuleux tacos dorados de camaron, tacos croustillants aux crevettes, garnis d'avocat et de salsa.

---

 **MARISCOS JALISCO**
**3040 E OLYMPIC BLVD,**
**LOS ANGELES, CA 90023**

| TOUS LES JOURS : 9 h / 18 h | +1 (323) 528-6701 | PAIEMENT UNIQUEMENT EN LIQUIDE |

Jonathan Gold

Jonathan Gold a reçu le prestigieux prix Pulitzer pour ses critiques gastronomiques qui couvraient la scène culinaire de Los Angeles dans des journaux comme le *Los Angeles Times* et le *LA Weekly*. Cette interview a été réalisée peu de temps avant son décès en 2018.

On dirait que vous adorez les restaurants étrangers, abordables et légèrement excentrés, souvent dans de petits centres commerciaux ?

Oui. Ce qui fait tout le sel de Los Angeles, et qui n'existe nulle part ailleurs, c'est l'absence de réelle barrière entre cuisine gastronomique et cuisine populaire. C'est l'existence de lieux comme Guerrilla Tacos, par exemple. Le chef, Wes Avila, a fait ses classes chez les plus grands ; il a été l'élève d'Alain Ducasse. Il a travaillé dans des restaurants haut de gamme avant de rendre son tablier et de faire ce qu'il voulait. Il sait où trouver les meilleurs oursins, les meilleurs légumes et la

*À choisir, c'est à Los Angeles que je préfère manger*

meilleure viande, il travaille avec les fournisseurs les plus convoités. Mais au lieu de proposer ces ingrédients dans un menu gastronomique à 150 $, il fait des tacos à 7 $. Et les gens se plaignent. « Quoi, 7 $ juste pour un taco ? ». Et j'ai envie de dire qu'ils ne comprennent rien. [Rires]

Pensez-vous qu'en ce moment, Los Angeles soit l'une des villes les plus passionnantes au monde pour la gastronomie ?

Nous n'avons pas autant de restaurants haut de gamme qu'à New York, Paris ou Copenhague. Mais à choisir, c'est à Los Angeles que je préfère manger.

Selon vous, quelles sont les spécialités de Los Angeles ?

Difficile de répondre. Un taco coréen ? Des tartines à l'avocat ? Moquez-vous mais elles sont partout, c'est comme ça. Et elles ont envahi le monde, maintenant. Mais nos avocats sont les meilleurs, et notre pain, c'est une tuerie. Sinon, je pense à un plat du Sichuan, « l'agneau en brochettes de cure-dents » (*Toothpick Lamb*). Il n'est pas vraiment originaire du Sichuan, évidemment ; il a été inventé à L.A. C'est un bon petit émince d'agneau épicé au cumin. On le sert embroché sur des cure-dents pour le manger avec les doigts.

Il a été inventé ici-même
chez Chengdu Taste, n'est-ce pas ?
C'est bien ça.

Pour finir, hormis manger,
qu'aimez-vous à Los Angeles ?
J'adore les gens et la douceur de vivre, évidemment. J'adore le fait que depuis mon quartier, je ne suis qu'à 10 minutes de voiture d'un parc naturel avec des montagnes, des torrents, des forêts... c'est inattendu si près d'une grande ville. Et si vous me permettez un peu de sentimentalisme... pour moi, à Los Angeles, on peut vraiment être qui on veut. On peut venir de n'importe où, se créer une identité et se réinventer. De la même façon, il suffit de marcher dans des quartiers comme Beverly Hills ou Pasadena pour trouver un atelier d'artisan inspiré du Japon féodal, une hacienda espagnole, une villa italienne ou un manoir Tudor. Dans un même quartier, on trouve l'architecture de dix cultures différentes, et toutes semblent parfaitement à leur place.

# LE SPA CORÉEN
# **OUVERT 24 H / 24**

Après Séoul, Los Angeles est la ville qui compte le plus de Coréens : la guerre de Corée a poussé beaucoup d'entre eux à s'installer sur place. Dans Koreatown, les enseignes, les noms de rues et les publicités ne sont écrites qu'en coréen.

Au milieu de tout ça, le Wi Spa est un espace gigantesque sur 5 étages, avec une salle de sport, un solarium, un étage pour les hommes, un pour les femmes (chacun pourvu de ses propres saunas, bains et salles de repos) et un étage mixte (avec encore d'autres saunas, un restaurant et des tapis de sol pour faire une petite sieste). Ici, on oublie l'heure et les bouchons sur les autoroutes – un vrai luxe à L.A.

Le meilleur dans tout ça ? L'établissement est ouvert 24 h / 24.

**WI SPA**
**2700 WILSHIRE BLVD,**
**LOS ANGELES, CA 90057**

| Ouvert 24 h / 24 | +1 (213) 487-2700 | wispausa.com |

# WI SPA,
## MODE D'EMPLOI

À l'arrivée, le gentil personnel
remet une serviette, un uniforme
et une clé magnétique pour le
casier, à garder au poignet.

Déshabillez-vous (... entièrement,
les spas coréens étant nudistes)
dans les vestiaires.

## WI SPA

뻐꾸기, 뻐꾸기,

Pour aller à l'étage mixte,
il faut enfiler l'uniforme obligatoire
fourni (short et tee-shirt).
On profitera alors d'un restaurant ouvert
24 h / 24, d'autres saunas, de zones de repos,
d'ordinateurs et de livres.

Hommes et femmes ont chacun leur étage
avec bains, douches, saunas et salles de repos.

On peut aussi réserver des soins :
massages, manucures
ou le célèbre (et vigoureux)
gommage à la coréenne.
Au dernier étage, on se repose
au soleil sur la terrasse.

# LA STAR
## DES IMMEUBLES

Si vous avez vu *Blade Runner* et *The Artist*, le Bradbury Building vous dit sans doute quelque chose. Véritable star à part entière, il est aussi l'un des plus vieux immeubles de Los Angeles.

Il a été construit en 1893 par le jeune architecte George Wyman. Grand amateur de science-fiction, celui-ci puisa son inspiration dans un roman qui décrivait des espaces de travail organisés dans des cours intérieures en cristal.

Selon la légende, ce n'est qu'après un message de feu son frère reçu lors d'une séance de spiritisme que Wyman aurait accepté le projet. « Prends le projet Bradbury. Il te rendra célèbre. »

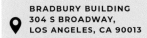

**BRADBURY BUILDING**
**304 S BROADWAY,**
**LOS ANGELES, CA 90013**

LUN-VEN : 9 h / 18 h
SAM-DIM : 10 h / 17 h

# LE BRUNCH CALIFORNIEN AVEC
## SA CONFITURE À RAMENER EN SOUVENIR

Une bonne confiture met du baume au cœur. Elle adoucit la rigueur de l'hiver, quand le goût sucré des fruits rappelle qu'un jour, le soleil finira bien par revenir. C'est exactement de cette idée que sont nées les confitures Sqirl, avec la chef Jessica Koslow aux fourneaux et le designer Scott Barry à l'emballage : ramener leurs créations dans vos valises pour retrouver un peu du soleil de Californie chez vous.

Mais Sqirl, c'est aussi un brunch couru, avec ses pâtisseries qui rendent accros, ses tartines à la ricotta maison, ses salades et ses bols végés. À l'image de ses confitures, le menu du restaurant propose des plats qui font chaud au cœur.

 **SQIRL**
**720 N VIRGIL AVE #4,**
**LOS ANGELES, CA 90029**

| LUN-VEN : 6 h 30 / 16 h | Sans réservation | sqirlla.com |
| SAM-DIM : 8 h / 16 h | +1 (323) 284-8147 | |

Si la Californie n'a pas inventé la tartine à l'avocat, elle l'a rendue célèbre. Et celle de Sqirl est une vraie tuerie. Pas convaincus ? Il suffit de voir la file d'attente quotidienne pour s'en persuader. « C'est tout ce que je veux manger » est le titre de leur livre de recettes...

## – JESSICA KOSLOW –

CHEF ET COFONDATRICE DE SQIRL

Comment êtes-vous devenue experte ès confitures ?

Je suis de L.A. À 18 ans, j'ai fait mes valises pour devenir pâtissière à Atlanta. Là-bas, on n'a pas le choix, il faut bien conserver les aliments : les saisons sont courtes et les bonnes choses ne durent pas. Je suis revenue à L.A. à 28 ans et en 2010, j'ai lancé une entreprise de confitures avec mon compagnon d'alors, Scott Barry.

> *C'est une ville qui embrasse les saveurs d'ailleurs*

Quel est le fruit dont vous raffolez en Californie ?

Mon dieu, vaste question ! J'en ai plusieurs. J'ai toujours adoré les abricots Muscat Royal ! J'ai hâte d'être à nouveau à la saison des pommes Gravenstein ou des prunes Santa Rosa.

Qu'est-ce que vous aimez à Los Angeles ?

Plein de choses ! Son dynamisme. C'est une ville qui aime les saveurs d'ailleurs, qu'elles soient mexi-

caines, thaïlandaises ou tout ça à la fois. C'est une ville qui accueille à bras ouverts.

Quel est votre lieu secret préféré à L.A. ?

J'adore Bonjuk. C'est un restaurant de Koreatown qui sert du juk (porridge à la coréenne), un plat très étrange. J'adore Tire Shop Taqueria et aussi Sapp Coffee Shop. Tous les petits restos.

À quoi ressemble votre journée idéale à L.A. ?

Je n'ai jamais un jour à moi. J'aimerais aller au Wi Spa, faire un peu de yoga ou passer à la salle de sport, j'adore ça. Trouver une bonne galerie. Me faire plaisir en allant manger japonais chez Asanebo ou boire un verre avec des amis au bar Gold Line. Le plus important, c'est de passer du temps avec les gens que j'aime.

# LES PLUS GRANDS COMÉDIENS DU STAND-UP
## DANS UN MOUCHOIR DE POCHE

Le Largo at the Coronet est un remarquable lieu confidentiel qu'il faut aborder avec méthode : commencer par réserver en ligne, se présenter en avance pour donner son nom à la porte, retirer son ticket et son numéro de siège (plus on arrive tôt, plus on sera près de la scène), aller manger un morceau ailleurs et enfin revenir pour le spectacle à 20 h 30...

Les meilleures soirées sont celles sur le thème « ...and friends », où un grand nom du stand-up invite une poignée de comédiens et un musicien pour un spectacle à l'ancienne, façon music-hall. Surprises quasi-garanties.

Avec moins de 300 sièges, c'est un vrai plaisir de voir des étoiles montantes frayer avec le gratin de Hollywood : Zach Galifianakis, Will Ferrell, Paul Thomas Anderson, Adam Sandler, Sacha Baron Cohen, Ellen De Generes, Jeff Goldblum, Mike Myers, Jack Black, Judd Apatow, et bien d'autres.

**LARGO AT THE CORONET**
**366 N LA CIENAGA BLVD,**
**LOS ANGELES, CA 90048**

Spectacles presque tous les soirs

Voir en ligne pour le calendrier et les réservations largo-la.com

# ACHETER UNE ROBE
# ET UN VINYLE
## SORTIS LA MÊME ANNÉE

Ouverte par Carmen Hawk, une ancienne styliste réputée, la friperie Avalon Vintage fait l'objet d'un véritable culte.

Elle propose des vêtements vintage de toutes les époques présentés par style ou par couleur, ainsi que près de 6 000 vinyles, qu'elle a choisis individuellement avec son compagnon Rodney Klein, issu du monde de la musique.

Quasiment impossible de ressortir les mains vides, tant les prix sont raisonnables : le quartier de Highland Park est en effet peu fréquenté et n'accueille restaurants et commerces que depuis peu.

 **AVALON VINTAGE**
**106 N AVE 56,**
**LOS ANGELES, CA 90042**

| MAR-DIM : 13 h / 20 h | +1 (323) 309-7717 | avalon-vintage.business.site |

# SAVOURER DES SPÉCIALITÉS THAÏLANDAISES AUTHENTIQUES
## AVEC DES VINS BIOS RARES

Dans sa folle jeunesse, le chef Kris Yenbamroong a passé bien des soirées à manger de la street food dans les rues de Bangkok. À L.A., son restaurant Night + Market Song élève cette cuisine au rang d'art véritable et se paie même le luxe de la marier à des vins bios européens.

Le résultat ? Un restaurant abordable, délicieux, coloré, drôle, parfois expérimental et bruyant. Des saveurs uniques mariées à des vins biologiques inattendus. L'endroit parfait pour partager des plats entre amis.

Avec le temps, le restaurant est naturellement devenu le lieu de rendez-vous des voisins et des chefs. Une belle revanche pour cet autodidacte : parti étudier la photo à NYU, Yenbamroong travaillait pour Richard Kern quand ses parents lui ont demandé de reprendre le restaurant familial sur Sunset Boulevard. Il en a désormais fait un lieu unique en son genre.

---

 **NIGHT + MARKET SONG**
**3322 SUNSET BLVD,**
**LOS ANGELES, CA 90026**

| Déjeuner : LUN-VEN : 12 h / 15 h<br>Dîner : LUN-SAM : 17 h / 22 h 30 | Sans réservation | nightmarketsong.com |

**Dans la collection «Soul Of»,
la 31ᵉ adresse ne vous sera jamais révélée
car elle est trop confidentielle. À vous de la trouver.**

# UN CLUB SECRET
## DE MAGICIENS

Sur les hauteurs de Hollywood, le Magic Castle hotel est un fantastique club secret de magiciens, réservé aux gens du métier ou à leurs amis. C'est aussi le siège de l'Académie des Arts magiques.

Si vous voulez assister au dîner-spectacle avant de vous perdre dans un château truffé de passages secrets et de magiciens, mais que vous ne connaissez aucun prestidigitateur susceptible de vous faire entrer, il existe une astuce : réserver une chambre à l'hôtel du château.

L'autre avantage est que vous ne serez pas obligé de prendre votre voiture après avoir bu trois ou quatre cocktails...

 **MAGIC CASTLE**

Dress code ultra-strict : tenue de soirée ou professionnelle exigée, à la fois « traditionnelle, formelle et élégante »

Invitation obligatoire

# UN GRAND MERCI À

**FANY PÉCHIODAT** pour son enthousiasme communicatif et son soutien à ce projet (et au fabuleux Fabrice Nadjari pour nous avoir présentés).

**PIA RIVEROLA et CLARA MARI** pour leurs superbes créations qui donnent vie à toutes ces expériences.

**THOMAS JONGLEZ** pour cette belle collection de guides de voyage.

**OLIVIER ZAHM et BRAD ELTERMAN** pour nous avoir accordé l'autorisation d'utiliser l'interview de Jonathan Gold réalisée ensemble.

**BILLIE WEISMAN** pour nous avoir accueillis chez elle.

**JESSICA KOSLOW** pour nous avoir accordé du temps, et pour la générosité dont elle fait toujours preuve.

**JOEL CHEN, BIANCA CHEN et ANNA CARADEUC** pour leur passion.

**STEVE TURNER et ANTOINE CHOUSSAT** pour avoir été les premiers à m'encourager à parler des secrets de L.A.

**JONATHAN GOLD** pour nous avoir donné à tous l'envie d'être plus curieux.

**Ce livre a vu le jour grâce à :**
Emilien Crespo, auteur
Pia Riverola, photographe
Clara Mari, illustratrice
Emmanuelle Willard Toulemonde, mise en page
Bénédicte Dazy, relecture
Audrey Favre, traduction
Clémence Mathé, édition

Écrivez-nous à l'adresse contact@soul-of-cities.com
Suivez-nous sur Instagram à @soul_of_guides

**Toutes photos : Pia Riverola, sauf :**
p. 14 - 16: Destroyer et Pia Riverola
p. 18 - 21: Photos Pia Riverola - Frederick R. Weisman Art
Foundation, Los Angeles
p. 46: Julius Shulman © J. Paul Getty Trust. Getty Research
Institute, Los Angeles (2004.R.10)
p. 98 - 100: Wi Spa
p. 116 - 119: Night + Market

L'interview de Jonathan Gold a été publiée pour la première
fois par le magazine *Purple* en septembre 2018
MERCI

© JONGLEZ 2019
Dépôt légal : septembre 2019 - Édition : 01
ISBN: 978-2-36195-341-6
Imprimé en Slovaquie par Polygraf